LIDERANÇA
QUE TRANSFORMA
Estratégias para o Crescimento e a Excelência Empresarial

GEAN CARLOS BARROS MUNIZ

PREFÁCIO: AP. RENÊ TERRA NOVA

GEAN CARLOS BARROS MUNIZ

LIDERANÇA QUE TRANSFORMA
ESTRATÉGIAS PARA O CRESCIMENTO E A EXCELÊNCIA EMPRESARIAL

Coordenação editorial:
Gilson Mello

Projeto gráfico:
Flórida Business Academy

Capa:
Flórida Business Academy

Correção, revisão e copidesque:
Flórida Business Academy

Direção Geral:
Gilson Mello

Todos os direitos reservados e protegidos pela Lei nº 9.610, de 19/02/1998.

É expressamente proibida a reprodução total ou parcial deste livro, por quaisquer meios (eletrônicos, mecânicos, fotográficos, gravação e outros), sem prévia autorização por escrito da editora.

Primeira edição 2024

Dados Internacionais de Catalogação na Publicação (CIP)
Barros Muniz, Gean Carlos
Liderança que transforma:
Estratégias para o crescimento e a excelência empresarial
Gean Carlos Barros Muniz; Orlando-FL: Flórida Business Academy
Motivação, 2024.
161 p.
ISBN: 9798329666489
1. Negócios 2. Realização pessoal. 3. Sucesso

Sumário

Prefácio: Ap. Renê Terra Nova-- 05

Introdução: A Jornada de um Líder Transformacional------------ 13

Capítulo 1: Descobrindo Seu Potencial de Liderança------------- 23

Capítulo 2: A Essência da Liderança Servidora---------------------- 33

Capítulo 3: Comunicação Eficaz: A Chave para Liderar----------- 45

Capítulo 4: Desenvolvendo a Visão e a Missão---------------------- 55

Capítulo 5: Motivando e Inspirando a Equipe----------------------- 63

Capítulo 6: Tomada de Decisões com Sabedoria------------------- 75

Capítulo 7: Gestão de Conflitos e Resolução de Problemas----- 83

Capítulo 8: Desenvolvendo Habilidades de Liderança------------ 91

Capítulo 9: Liderança e Ética--- 99

Capítulo 10: Inovação e Criatividade na Liderança---------------- 107

Capítulo 11: Gerenciamento do Tempo e Produtividade-------- 117

Capítulo 12: Construindo Relações Sólidas ---------------------- 127

Capítulo 13: Desenvolvendo a Resiliência ------------------------ 135

Capítulo 14: Liderança em Tempos de Crise ---------------------- 143

Capítulo 15: O Legado da Liderança ------------------------------ 151

Copyright © 2021 Truth Travels

All rights reserved.

ISBN-13: 978-1720325659
ISBN-10: 1720325650

PREFÁCIO

GEAN CARLOS BARROS MUNIZ

Estávamos precisando de um trabalho como este, para que a história de muitas pessoas possam ser transformadas, e outros tantos possam ser ajudados a encontrarem seu destino empresarial. O mercado está poluído de material com muita informação e pouco conteúdo, por isso esta obra veio agregar sobre a extravagância de informações desencontradas. Aqui você se encontrará com um conteúdo de alta performance, para não só ajudar pessoas, mas pontuar valores relevantes que se encontram neste compêndio. "O sábio de coração será chamado prudente, e a doçura dos lábios aumentará o ensino." (Provérbios 16:21)

Você vai se deliciar com histórias lindas, orientações precisas e a consolidação de muitos sonhos que estão por serem estabelecidos. Gean Muniz vai mostrar, com muita precisão e sabedoria, como você poderá ser um líder fora do comum, porque ele tem especialidade em treinamento de pessoas e instruções valorosas para direcionar negócios. Por ter expertise em liderança, entregará ferramentas de ouro, e muitos serão capacitados, tanto homens como mulheres. Nesse treinamento específico, você se encontrará, pois será ensinado sobre como levar indivíduos a encontrarem seu destino no bom uso dos dons, talentos e habilidades que estavam no recôncavo da alma.

Neste livro, você será ajudado a chegar em uma mudança territorial e uma ampliação da sua geografia de negócios. Na verdade, este material vai balizar muitos a reescreverem suas histórias, e não somente as suas, mas de pessoas e empreendimentos. O autor tem competência não apenas para falar, como também para ensinar o como e quando fazer as coisas funcionarem, e mostrar caminhos que só são denotados a líderes extremamente experientes. "O coração do expediente instrui a sua boca, e aumenta o ensino dos seus lábios. As palavras suaves são favos de mel, doces para a alma, e saúde para os ossos." (Provérbios 16:23,24)

Gean Muniz tem se dedicado muitos anos ao ministério do ensino e, debaixo desse legado, tem ajudado líderes e grandes empresários a encontrarem seu destino. Quando você ler este material, entenderá que muita gente precisava desse compêndio para poder ser alavancado a um outro patamar da sua vida pessoal, familiar e empresarial. Será uma mudança de nível extraordinário.

O mundo do negócio cresceu demasiadamente e muitas explorações estão aí em todos os níveis. Alguns, sem nenhuma experiência, têm ensinado a outros inexperientes e, claro, o resultado não é qualificado. Existem também aqueles com pouca bagagem, ensinam no mercado uma gama de pessoas que ainda são leigas para suas decisões. Porém existem verdadeiros arautos do ensino, que possuem na experiência seu maior legado. Então, neste século tão confuso de informações truncadas, precisamos de substância, como este livro, até para fazer a diferença no campo da escrita. Muitos líderes estão interessados em uma mudança exequível e, também, numa revolução de mercado, que é fundamental na construção de um avivamento empresarial.

Avivamento empresarial? Talvez você nunca tenha ouvido essa expressão, mas é exatamente isso que eu posso atestar: Virá uma revolução sobre o novo mercado. Esse avivamento empresarial se fará necessário para uma mudança de mente – mindset – e, claro, uma releitura da estrutura do pensamento de negócios.

Gean foi adequadamente treinado para que possa não só falar para as pessoas, mas ele possui na sua habilidade condições de desatar indivíduos e alavancar empresas. E ao ler este livro, você entenderá exatamente o que eu estou afirmando, porque há pessoas que colocam tinta no papel, outras apenas digitam em uma tela branca. Mas existem aqueles que a vida é um exemplo e modelo para tornarem fácil o caminho de tantos que querem encontrar a vida abundante, que tem profetizado e ainda não se abraçaram a ela.

Entenda que este livro foi escrito para dar um norte não só a você, mas a sua família, empresa e a todos que passarem pela sua vida. Eu tenho dito que alguns materiais que estão no campo, não só servem de bussola, mas são como uma espécie de GPS para pessoas que estavam sonhando em chegar a lugares aonde os comuns não chegam, e experimentarem o sobrenatural que o homem natural jamais abraçará.

Indico este livro e acredito que pessoas serão treinadas, aperfeiçoadas e alavancadas para uma conquista jamais sonhada, porque Gean conseguiu reunir em alguns capítulos toda uma história de 30 anos de experiência com resultado, trabalhando, treinando equipes e as habilitando para que cada pessoa pudesse encontrar o seu legado e a sua chamada.

Este livro tem muitos detalhes, e esse é um dos segredos que você vai não só absorver, como também irá ajudar a outros a encontrarem caminhos que, com certeza, mudarão histórias. Este livro é uma confrontação a muitas mediocridades, mas também uma proposta a radicais mudanças, levando as pessoas a raciocinarem de maneira diferente e adotarem atitudes inéditas.

Se você entender o conteúdo deste material que se tornou, literalmente, um pergaminho para a alma do homem de negócio e letras visíveis para todos aqueles que querem e desejam ser ressignificados na sua conduta empresarial, então você alcançará as novas conquistas que deseja e fará uma ampliação de território.

Precisamos de pessoas que deem um norte e pontuem a sua geração para uma visão de mudança territorial. Será tão inédito o que está escrito aqui, que até os que vivem apressados, ao se deparem com essas páginas, saberão o que fazer e não abrirão mão do seu legado. Pelo contrário, correrão para a torre de vigia e estarão prontos para falar, fazer e SER a diferença no território dos iguais. Eu realmente acredito que este material ajudará esta geração e ficará como legado para as gerações futuras.

Obrigado Gean Muniz por ter se dedicado e colocado todo o seu histórico em um só material, para poder ensinar a este povo que agora se submete a uma nova instrução, que chegou a hora de encontrar a mudança que estavam buscando, muito mais do que os impactos que estavam sofrendo.

Que você seja sempre amigo do êxito e não falte o sucesso na sua direção! Eu adotei este livro.

Renê Terra Nova,
Escritor de mais de 250 títulos

INTRODUÇÃO

A JORNADA DE UM LÍDER TRANSFORMACIONAL

GEAN CARLOS BARROS MUNIZ

Nascido em 23 de novembro de 1969, em uma pequena cidade chamada Itacoatiara, no interior do Amazonas, minha jornada de liderança começou em meio à vasta floresta tropical que cobre quase totalmente o estado. Em 1977, mudei-me para Manaus, a capital do Amazonas, onde iniciei meu caminho rumo à liderança.

Aos 22 anos, meu interesse pela liderança foi despertado. Sempre apaixonado pela leitura, mergulhei em livros sobre o tema, buscando compreender os princípios que definem um grande líder. Foi nesse período que tive o privilégio de participar de uma pequena organização cristã focada em liderança, que contava com apenas 169 membros. Essa experiência inicial foi o embrião de um projeto global que viria a se chamar Ministério Internacional da Restauração (MIR).

Conhecer e conviver com o Ap. Renê Terra Nova, Presidente do Ministério Internacional da Restauração (MIR) e líder espiritual de centenas de pastores em vários países. Ver sua trajetória e acompanhar muitas vezes de perto suas decisões, me ajudaram significativamente em todas as minhas conquistas. Fazer parte da construção daquela que considero a maior organização cristã de formação de líderes do mundo foi e continua sendo uma honra.

O Despertar do Potencial de Liderança

Meu desenvolvimento como líder começou com um foco interno. Eu estava determinado a aprimorar minhas próprias habilidades antes de poder ajudar outros a fazerem o mesmo. Trabalhei na renovação de mentes e no crescimento em todas as áreas: emocional, espiritual e profissional. Meu objetivo era formar líderes capacitados para assumir papéis de destaque na sociedade, especialmente como empresários e líderes técnicos em diversos setores.

"O verdadeiro líder é aquele que está sendo aprovado pelo que está fazendo e não pelo que está falando." – Ap. Renê Terra Nova.

A partir desse princípio, comecei a entender a profundidade do meu papel e a responsabilidade que ele acarretava. "Você só vai descobrir seu potencial se fizer o que nunca fez. Líderes repetitivos limitam suas conquistas." — Ap. Renê Terra Nova. Essa visão guiou minha trajetória, lembrando-me constantemente da importância da inovação e da ousadia.

Formação e Treinamento em Liderança

Em 1995, três anos após dar os primeiros passos em minha jornada de liderança, dediquei-me inteiramente ao curso de liderança ETED no Peru, uma experiência transformadora que se estendeu ao longo de um ano inteiro. Este curso foi uma plataforma única onde aprendi a navegar e mediar entre as mais variadas culturas, com participantes de mais de 50 países, cada um trazendo suas próprias perspectivas, valores e práticas.

Através de workshops, seminários e projetos práticos, desenvolvi competências essenciais como a empatia intercultural, a comunicação eficiente e a capacidade de resolver conflitos de maneira construtiva. Estas habilidades provaram ser inestimáveis em minha carreira subsequente, permitindo-me não apenas entender, mas também integrar e harmonizar a diversidade cultural em prol de objetivos comuns.

Expansão Internacional e Impacto Global

Minha jornada como palestrante começou em 1999, em Manaus, e rapidamente se expandiu para outras cidades, principalmente no nordeste brasileiro. Nesse ínterim, o MIR crescia exponencialmente, com o objetivo de mostrar a cada membro que todos podem ser líderes e formar novos líderes. Assumi uma das lideranças nacionais do MIR, viajando pelo Brasil para promover o crescimento da instituição e formar milhares de líderes em todo o país.

O MIR é um projeto global de liderança cristã e expandiu-se não apenas no Brasil, mas globalmente, com milhares de líderes em diversas nações. Iniciei minha trajetória de treinador de líderes internacional, sendo enviado para diversos países, incluindo Coreia do Sul e Colômbia, onde ajudei a estabelecer bases significativas de formação de liderança cristã.

Em 2007, fui honrado como Apóstolo das Nações em Jerusalém, Israel, um título de prestígio reconhecido dentro das maiores organizações cristãs do mundo. Nesse mesmo ano, percebi a necessidade de criar uma empresa para continuar minha missão de consultoria em negócios e formação de líderes, dando origem à GC Consicred Consultoria. Através dela, ofereci consultoria e mentoria a empresários do Brasil e de mais 26 países, ajudando-os a crescer em seus negócios e tornarem-se verdadeiros líderes.

Missão e Valores Fundamentais

Minha missão sempre foi clara: capacitar líderes baseados em valores cristãos e promover o crescimento sustentável de organizações ao redor do mundo. Acredito firmemente que uma liderança inspiradora, aliada a valores éticos e à busca contínua pela excelência, pode transformar não apenas empresas, mas também comunidades e países inteiros.

"A minha decisão de hoje é uma semente profética que definirá meu futuro, o que somos e seremos, dependem do que faço hoje." – Ap. Renê Terra Nova.

Esta frase encapsula a essência da minha abordagem à liderança. Decisões no presente definem nosso futuro. O verdadeiro líder é aquele que está disposto a sair do impacto e causar mudanças duradouras.

Com mais de 30 anos formando milhares de líderes em diversos países, estou pronto para enfrentar novos desafios e expandir minha atuação para os Estados Unidos. Minha vasta experiência e conhecimento em liderança e consultoria de negócios me capacitam a contribuir significativamente para a formação de líderes e empresários de sucesso, essenciais para impulsionar a economia.

Encaro essa nova etapa com entusiasmo e determinação, confiante de que posso fazer uma diferença positiva na vida das pessoas e no mundo dos negócios. Estou pronto para os desafios que estão por vir e comprometido em continuar minha missão de formar líderes e impulsionar o sucesso empresarial, agora em solo americano.

GEAN CARLOS BARROS MUNIZ

CAPÍTULO 01

DESCOBRINDO SEU POTENCIAL DE LIDERANÇA

GEAN CARLOS BARROS MUNIZ

Cada indivíduo possui um conjunto único de talentos e habilidades que, quando descobertos e desenvolvidos, podem transformar não apenas a vida do próprio indivíduo, mas também o ambiente ao seu redor. Aos 22 anos, encontrei minha verdadeira vocação na liderança. Naquela época, comecei a mergulhar profundamente em livros sobre liderança, buscando entender o que fazia de alguém um líder eficaz.

Participar de uma pequena organização cristã (o embrião do MIR naquela época), focada em liderança foi o catalisador que me permitiu reconhecer meu potencial. Com apenas 169 membros, foi o campo de treinamento perfeito para praticar e aprimorar minhas habilidades. A experiência foi transformadora e me ajudou a entender que a liderança não é apenas sobre comandar, mas sobre servir e inspirar os outros.

"O verdadeiro líder é aquele que está sendo aprovado pelo que está fazendo e não pelo que está falando." – Ap. Renê Terra Nova.

Através da prática e do exemplo, percebi que minha vocação não era apenas liderar, mas também capacitar outros a se tornarem líderes.

Superando Limitações Internas

Todos nós enfrentamos limitações internas que podem nos impedir de alcançar nosso pleno potencial. Medos, dúvidas e inseguranças são barreiras comuns que precisam ser superadas para que possamos avançar em nossa jornada de liderança.

No início da minha carreira, enfrentei muitas dessas barreiras. A insegurança sobre minhas capacidades e o medo do fracasso eram desafios constantes. Contudo, aprendi que a superação dessas limitações começa com a autoaceitação e a confiança em si mesmo. Através de muito trabalho interno, consegui transformar essas barreiras em trampolins para o sucesso.

Decisões no presente definem nosso futuro. *"A minha decisão de hoje é uma semente profética que definirá meu futuro, o que somos e seremos, dependem do que faço hoje."* – Ap. Renê Terra Nova. Esse entendimento me ajudou a tomar decisões corajosas que moldaram minha trajetória e me permitiram superar as limitações que enfrentava.

Desenvolvendo a Autoconfiança

A autoconfiança é uma das qualidades mais importantes que um líder pode possuir. Sem ela, é difícil inspirar confiança nos outros. Desenvolver a autoconfiança não acontece da noite para o dia, é um processo contínuo de autoaperfeiçoamento e crescimento pessoal.

Minha jornada para desenvolver a autoconfiança começou com pequenos passos. Cada sucesso, por menor que fosse, ajudava a construir minha confiança. Lembro-me de minhas primeiras palestras, que me deixavam extremamente nervoso. No entanto, cada apresentação realizada com sucesso aumentava minha confiança em minhas habilidades.

"A alma generosa é uma moeda no presente que quita contas no futuro. A alma generosa essa prosperará." — Ap. Renê Terra Nova.

A generosidade, tanto com os outros quanto comigo mesmo, foi fundamental para o desenvolvimento da minha autoconfiança. Aprendi a me perdoar por erros e a ver cada falha como uma oportunidade de aprendizado.

A Importância da Perseverança

A jornada de liderança não é uma linha reta; é cheia de altos e baixos, desafios e obstáculos. A perseverança é o que nos permite continuar avançando, mesmo quando a situação se torna difícil.

Durante minha trajetória, enfrentei muitos desafios que testaram minha determinação. Houve momentos em que parecia mais fácil desistir. No entanto, a perseverança me ensinou que cada obstáculo superado me tornava um líder mais forte e resiliente.

"Mas, sejam fortes e não desanimem, pois o trabalho de vocês será recompensado." – 2 Crônicas 15:7.

Lembrando-se de que o esforço e a perseverança sempre são recompensados. Através da persistência, consegui alcançar objetivos que inicialmente pareciam inatingíveis.

Criando uma Visão Clara de Sucesso

Uma visão clara é essencial para qualquer líder. Ela não apenas orienta suas ações, mas também inspira e motiva sua equipe. Criar uma visão de sucesso envolve definir metas claras e específicas, entender os passos necessários para alcançá-las e comunicar essa visão de forma eficaz para todos os envolvidos.

Minha visão de sucesso sempre esteve centrada em capacitar outros a se tornarem líderes. No MIR, trabalhamos incansavelmente para mostrar a cada membro que todos podem ser líderes e formar novos líderes. Esta visão foi o combustível que impulsionou nosso crescimento e nos permitiu expandir globalmente.

Desenvolver o potencial de liderança começa com o autoconhecimento. Antes de planejar qualquer evolução pessoal e profissional, é crucial saber onde você está, quem você é e até onde deseja chegar. Reconheça seus pontos fortes e fracos, habilidades e limitações. Reflita sobre suas experiências passadas e identifique áreas para melhoria. Esse autoconhecimento permitirá definir objetivos claros e traçar um plano de ação eficaz para alcançá-los.

Melhore Suas Habilidades de Comunicação

A comunicação eficaz é essencial para a liderança. Investir no desenvolvimento dessas habilidades é vital para liderar uma equipe com sucesso. Participe de cursos de oratória, pratique falar em público e treine novas abordagens com amigos ou familiares. Lembre-se de que ninguém nasce um especialista em comunicação, mas com esforço e prática, você pode se tornar um líder ouvido e compreendido por todos.

Aprenda a Delegar Tarefas e Ser Empático

Delegar responsabilidades é uma habilidade crucial para um líder eficaz. Confie nas habilidades de sua equipe, incentivando-os a assumir responsabilidades e tomar decisões. Ao fazer isso, você cria um ambiente de confiança e colaboração que promove o crescimento de todos. Além disso, seja um bom ouvinte e mostre empatia. Escute atentamente as opiniões de sua equipe, esteja aberto a sugestões e críticas construtivas, e demonstre compreensão pelas necessidades e expectativas de seus liderados. Isso fortalece os relacionamentos e cria um ambiente de trabalho harmonioso e produtivo.

Nós temos muito a falar sobre esse tema. Foram décadas ao lado de um dos maiores líderes que conheci, o Ap. Renê Terra Nova. Além disso, vivi muitos desafios em dezenas de países. Tenho certeza de que, se você tem sede por se tornar um líder transformacional, está no caminho correto. Persevere, continue a desenvolver suas habilidades e nunca perca de vista a importância de servir e inspirar os outros. Sua jornada de liderança está apenas começando, e grandes realizações esperam por você.

CAPÍTULO 02

A ESSÊNCIA DA LIDERANÇA SERVIDORA

Liderança servidora é um conceito profundamente enraizado nos ensinamentos de Jesus Cristo. "O maior entre vocês deverá ser servo." – Mateus 23:11. Esta frase não apenas define o líder servo, mas também encapsula a essência de uma liderança baseada na humildade e no serviço aos outros. Diferente da liderança tradicional, onde o foco está no poder e na autoridade, a liderança servidora coloca as necessidades dos outros à frente das próprias, buscando o bem-estar e o crescimento de todos.

Quando comecei minha jornada de liderança, logo percebi que o verdadeiro poder de um líder não está em exercer controle, mas em servir. Este entendimento transformou completamente minha abordagem à liderança. No Ministério Internacional da Restauração (MIR), onde fui moldado e treinado, aprendi que liderar é mais sobre inspirar e capacitar os outros do que dominar e dirigir.

Exemplos de Liderança Servidora na História

A história nos fornece inúmeros exemplos de líderes que adotaram a filosofia da liderança servidora. Um dos mais emblemáticos é Martin Luther King Jr., cujo compromisso com a igualdade e a justiça social exemplifica perfeitamente este conceito. Outro exemplo notável é Nelson Mandela, cuja liderança, baseada na reconciliação e na justiça, transformou a África do Sul.

Estes líderes demonstraram que a verdadeira grandeza vem da capacidade de colocar os outros em primeiro lugar. Eles serviram como faróis de esperança e mudança, mostrando que a liderança servidora não apenas transforma indivíduos, mas também pode revolucionar nações inteiras.

Aplicando Princípios de Servidão no Ambiente Empresarial

No ambiente empresarial, a liderança servidora pode ser uma poderosa ferramenta para criar um clima de confiança, colaboração e crescimento mútuo. Implementar princípios de servidão no local de trabalho envolve algumas ações-chave:

Ouvir Ativamente: Um líder servidor ouve atentamente as preocupações, ideias e sugestões de sua equipe. Isso não apenas demonstra respeito, mas também promove um ambiente onde todos se sentem valorizados e ouvidos.

Capacitar e Delegar: Delegar não é apenas distribuir tarefas, mas empoderar os membros da equipe para que eles assumam responsabilidade e cresçam em suas funções. A confiança depositada nos outros é um motivador poderoso.

Promover o Desenvolvimento Pessoal e Profissional: Investir no crescimento e no desenvolvimento dos membros da equipe é fundamental. Isso pode incluir treinamentos, mentorias e oportunidades para assumir novos desafios.

Ser um Exemplo: Um líder servidor lidera pelo exemplo. Demonstrar integridade, empatia e dedicação inspira os outros a seguir o mesmo caminho.

Foco no Bem-Estar da Equipe: Cuidar do bem-estar físico, emocional e mental da equipe é essencial. Um ambiente de trabalho saudável e equilibrado promove a produtividade e a satisfação.

Benefícios da Liderança Servidora

A liderança servidora traz inúmeros benefícios para as organizações e suas equipes. Ao colocar as necessidades dos outros em primeiro lugar, os líderes servidores criam um ambiente de trabalho mais harmonioso e produtivo. As pessoas se sentem valorizadas, ouvidas e motivadas a contribuir com seu melhor.

"Jesus os chamou e disse: 'Vocês sabem que os governantes das nações as dominam, e as pessoas importantes exercem poder sobre elas. Não será assim entre vocês.'" – Mateus 20:25-26.

Esta abordagem contrasta fortemente com os modelos tradicionais de liderança que se concentram no poder e na autoridade. Em vez disso, a liderança servidora promove um senso de comunidade e propósito compartilhado.

Os benefícios incluem:

Maior Engajamento: Quando as pessoas se sentem valorizadas e apoiadas, elas se envolvem mais com seu trabalho e com a organização.

Melhoria da Moral: Um ambiente onde todos são tratados com respeito e dignidade eleva a moral da equipe.

Aumento da Produtividade: Equipes motivadas e bem-cuidadas tendem a ser mais produtivas e inovadoras.

Redução da Rotatividade: Funcionários que se sentem apreciados e apoiados são menos propensos a deixar a organização.

Desenvolvimento de Novos Líderes: Ao capacitar os membros da equipe, os líderes servidores ajudam a desenvolver a próxima geração de líderes.

Histórias de Transformação Através da Servidão

Minha experiência na formação de líderes através do MIR é um testemunho vivo dos benefícios da liderança servidora. No início do meu envolvimento com o MIR, entendi rapidamente que a única maneira de criar líderes eficazes era através do exemplo e do serviço.

Uma das minhas maiores realizações foi ver jovens líderes crescerem e se tornarem influentes em suas comunidades. Muitos desses indivíduos vieram de origens humildes e enfrentaram desafios significativos. No entanto, através de treinamento, mentoria e um foco constante no serviço aos outros, eles conseguiram superar essas barreiras e alcançar grandes coisas.

Um outro exemplo interessante é o de Eliseu, um profeta do Antigo Testamento, ele viveu durante um período tumultuado na história de Israel e serviu como discípulo de Elias. Demonstrando serviço e humildade, ele seguiu e auxiliou Elias antes de assumir seu próprio papel de liderança, exemplificando a liderança servidora através do serviço fiel. Durante seu tempo, Eliseu realizou muitos feitos notáveis, como a cura de Naamã e a purificação das águas de Jericó, destacando a importância do serviço à comunidade e da dedicação ao bem comum. Ele acreditava que o serviço deveria ser a característica mais marcante de um líder, seja em pequenos projetos ou em grandes iniciativas.

A vida de Eliseu foi marcada por grande fé e coragem ao enfrentar desafios e adversidades. Ele se opôs firmemente à injustiça e promoveu os valores verdadeiros em sua sociedade. Apesar das ameaças e perseguições, Eliseu continuou a defender suas crenças com intrepidez. Hoje, a sociedade enfrenta diversos desafios éticos e morais, e é vital que os líderes demonstrem a mesma coragem e integridade para guiar e inspirar outros a seguir um caminho de justiça e equidade. A coragem necessária para exortar as pessoas a deixarem seus erros e seguirem um caminho melhor é uma qualidade essencial para os líderes em meio ao caos moderno.

Além de sua coragem e integridade, Eliseu demonstrou compaixão e generosidade, ajudando os necessitados e aconselhando líderes em tempos de crise, mesmo quando enfrentava oposição. Ele multiplicou recursos para ajudar uma viúva pobre, permitindo que ela pagasse suas dívidas e sustentasse sua família. Em tempos de conflito e dificuldade, como os enfrentados por Eliseu, a compaixão e a generosidade são vitais para criar um ambiente de confiança e colaboração. Da mesma forma, os líderes de hoje são chamados a demonstrar compaixão, ajudar os necessitados e influenciar positivamente suas comunidades.

A capacidade de resolver problemas e buscar soluções inovadoras foi um dos pilares na vida de Eliseu. Ele confiava em suas habilidades e buscava o melhor em todas as situações, resultando em feitos notáveis e soluções eficazes para sua comunidade, como a ressurreição de um menino. Essa dependência de soluções criativas e práticas é um exemplo poderoso para os líderes modernos, que também devem confiar em suas habilidades e na colaboração de suas equipes para enfrentar desafios e transformar suas realidades. Eliseu desempenhou um papel crucial na preservação dos valores e na orientação de sua comunidade, e em nossos tempos modernos, os líderes são chamados a fazer a diferença, promovendo a vida, os valores éticos e a melhoria contínua.

A história de Eliseu é uma inspiração contínua para os líderes em geral, mostrando que a liderança eficaz é fundamentada no serviço, na coragem, na compaixão e na resolução criativa de problemas. Ao seguir esses princípios, os líderes podem enfrentar os desafios contemporâneos e promover uma transformação social e organizacional duradoura. Através do exemplo de Eliseu, somos lembrados de que a liderança verdadeira não é sobre dominar, mas sobre servir e guiar com humildade e dedicação.

Exercer uma liderança servidora não é exceção, mas sim a norma dentro do MIR. Cada líder que formamos é incentivado a adotar uma abordagem de serviço, sabendo que esta é a chave para uma liderança eficaz e transformadora.

Concluo destacando que a liderança servidora não é apenas uma filosofia, mas uma prática diária que transforma vidas. Ao adotar esses princípios, você não só se tornará um líder melhor, mas também inspirará outros a seguir o mesmo caminho.

"Os que vivem sozinhos refletem a natureza da solidão, precisam de ajuda no presente para não morrerem solitários no futuro." – Ap. Renê Terra Nova.

Lidere com serviço e veja a transformação acontecer ao seu redor.

GEAN CARLOS BARROS MUNIZ

CAPÍTULO 03

COMUNICAÇÃO EFICAZ: A CHAVE PARA LIDERAR

Desde o início da minha jornada de liderança, percebi que a comunicação eficaz é uma habilidade indispensável para qualquer líder. A capacidade de transmitir ideias, expectativas e feedback de maneira clara e compreensível é o alicerce de uma liderança bem-sucedida. Sem uma comunicação clara, mesmo os melhores planos podem falhar. Eu aprendi isso rapidamente quando comecei a liderar grupos maiores no Ministério Internacional da Restauração (MIR).

Quando comecei no MIR, notei que a falta de clareza na comunicação muitas vezes levava a mal-entendidos e frustrações. Foi então que comecei a focar em melhorar minhas habilidades de comunicação, garantindo que minhas mensagens fossem claras e diretas.

"Palavras agradáveis são como favo de mel, doces para a alma e saúde para o corpo." – Provérbios 16:24.

Este versículo sempre me lembrava do poder das palavras e da importância de usá-las de forma eficaz e positiva.

Técnicas de Comunicação Verbal e Não-Verbal

Comunicação eficaz não se limita apenas às palavras que usamos; envolve também como as dizemos e o que expressamos através de nossa linguagem corporal. Durante o curso ETED no Peru, tive a oportunidade de aprimorar tanto minhas habilidades de comunicação verbal quanto não-verbal. Aprendi que o tom de voz, as expressões faciais e os gestos são tão importantes quanto o conteúdo da mensagem.

Para comunicar-se de forma eficaz, é essencial:

Manter o contato visual: Isso demonstra confiança e engajamento.

Usar um tom de voz apropriado: Ajuste o tom para refletir a seriedade ou a leveza da mensagem.

Adotar uma postura aberta: Evitar cruzar os braços e manter uma postura relaxada ajuda a transmitir receptividade.

Utilizar gestos naturais: Gestos que complementam suas palavras ajudam a reforçar a mensagem.

Estas técnicas são fundamentais para garantir que sua comunicação seja recebida da maneira pretendida, evitando mal-entendidos e reforçando a mensagem principal.

Escuta Ativa e Empatia

A comunicação eficaz também envolve ouvir ativamente. A escuta ativa é a prática de ouvir com total atenção, compreendendo não apenas as palavras, mas também o contexto e as emoções por trás delas. Durante minha formação, percebi que muitos líderes falham em se comunicar efetivamente porque não praticam a escuta ativa. Eles estão ocupados demais pensando em sua próxima resposta em vez de realmente ouvir o que está sendo dito.

Praticar a empatia é outra chave para a comunicação eficaz. Colocar-se no lugar do outro ajuda a entender suas perspectivas e preocupações, criando um ambiente de confiança e respeito.

"A resposta branda desvia o furor, mas a palavra dura suscita a ira." – Provérbios 15:1.

Este versículo ilustra bem a importância de responder com empatia e compreensão, em vez de reatividade.

Conduzindo Reuniões Produtivas

Uma parte crucial da liderança é a capacidade de conduzir reuniões produtivas. Durante minha carreira, conduzi inúmeras reuniões e aprendi que a chave para o sucesso está na preparação e na clareza dos objetivos. Uma reunião produtiva deve ter uma agenda clara, objetivos definidos e a participação ativa de todos os envolvidos.

Prepare uma agenda clara: Defina os tópicos a serem discutidos e o tempo alocado para cada um.

Defina objetivos: Certifique-se de que todos saibam o que se espera alcançar com a reunião.

Incentive a participação: Dê espaço para que todos expressem suas opiniões e ideias.

Resuma e conclua: Termine a reunião com um resumo das decisões tomadas e os próximos passos.

Resolvendo Conflitos de Forma Construtiva

Conflitos são inevitáveis em qualquer ambiente de trabalho, mas a maneira como são resolvidos pode fazer toda a diferença. Durante minha formação no ETED, aprendi que resolver conflitos de forma construtiva envolve escuta ativa, empatia e comunicação clara. É crucial abordar os conflitos com uma mentalidade de solução, focando em resolver o problema, não em culpar as pessoas.

Ouça todas as partes envolvidas: Entenda completamente o problema antes de buscar uma solução.

Mantenha a calma e a objetividade: Aborde a situação de maneira calma e imparcial.

Procure soluções colaborativas: Trabalhe junto com as partes envolvidas para encontrar uma solução que seja aceitável para todos.

Siga um plano de ação: Estabeleça os próximos passos e acompanhe para garantir que o conflito foi realmente resolvido.

Conexão com Gean: Habilidades Desenvolvidas no Curso ETED no Peru

Minha experiência no curso ETED no Peru foi transformadora. Foi lá que aprendi a importância da comunicação eficaz e desenvolvi muitas das habilidades que utilizo até hoje. A diversidade cultural do curso, com participantes de mais de 50 países, me ensinou a valorizar diferentes perspectivas e a adaptar minha comunicação para ser compreendida por pessoas de diferentes culturas e contextos.

As habilidades de comunicação que desenvolvi no ETED foram fundamentais para meu crescimento como líder. Aprendi a importância de ser claro e direto em minhas mensagens, a ouvir ativamente e a responder com empatia. Essas lições foram aplicadas repetidamente ao longo da minha carreira, ajudando-me a construir equipes coesas e a liderar com eficácia.

Exercer uma liderança eficaz depende fortemente da habilidade de se comunicar claramente, ouvir ativamente e resolver conflitos de forma construtiva. Através de técnicas verbais e não-verbais, reuniões produtivas e uma abordagem empática, os líderes podem inspirar e guiar suas equipes para alcançar grandes realizações. Minha jornada no ETED e minhas experiências subsequentes confirmaram a importância dessas habilidades, e estou confiante de que, ao implementá-las, você também verá transformações significativas em sua capacidade de liderar.

GEAN CARLOS BARROS MUNIZ

CAPÍTULO 04

DESENVOLVENDO A VISÃO E A MISSÃO

GEAN CARLOS BARROS MUNIZ

Toda grande liderança começa com uma visão clara e inspiradora. A visão é a força motriz que direciona todas as ações de uma organização, uma estrela guia que ilumina o caminho a ser seguido. Quando comecei minha jornada de liderança, aprendi rapidamente a importância de ter uma visão bem definida. Uma visão inspiradora não só motiva a equipe, mas também proporciona um senso de propósito e direção.

Quando penso na criação de uma visão, lembro-me das palavras de Ap. Renê Terra Nova: *"O verdadeiro líder é aquele que está sendo aprovado pelo que está fazendo e não pelo que está falando."* Esta frase sempre me lembrou que uma visão deve ser mais do que palavras bonitas; deve ser uma força viva que guia todas as nossas ações e decisões.

Definindo a Missão da Empresa

Enquanto a visão é o destino final, a missão é o caminho que escolhemos para chegar lá. A missão define o propósito central da organização e como pretendemos alcançar nossa visão. No MIR, nossa missão sempre foi clara: capacitar líderes baseados em valores cristãos para promover mudanças positivas em suas comunidades e além. Esta missão foi fundamental para nosso crescimento e impacto global.

Definir a missão de uma empresa envolve identificar os valores fundamentais que guiarão todas as suas operações. A missão deve ser clara, concisa e alinhada com a visão da organização. É a missão que mantém todos focados no que é realmente importante e proporciona uma base sólida para a tomada de decisões.

Alinhando a Equipe com a Visão e Missão

Uma visão e uma missão bem definidas só têm valor se toda a equipe estiver alinhada com elas. No MIR, aprendemos que envolver todos os membros na criação e compreensão da visão e da missão era crucial para o nosso sucesso. Uma equipe alinhada trabalha de forma coesa, com todos remando na mesma direção.

Alinhar a equipe começa com a comunicação clara e contínua da visão e missão. Todos devem entender não apenas o que a organização está tentando alcançar, mas também o seu papel específico nesse processo. Encorajar a participação ativa e o feedback da equipe fortalece o compromisso e o engajamento com a visão e missão da organização.

Mantendo o Foco e a Direção

Manter o foco e a direção é essencial para a realização de qualquer visão. É fácil se distrair com os desafios do dia a dia, mas um líder eficaz deve sempre manter a visão à frente. No MIR, enfrentamos inúmeros desafios ao longo dos anos, desde resistências internas até obstáculos externos. No entanto, nossa visão clara e missão bem definida nos mantiveram no caminho certo.

Parte de manter o foco envolve revisar regularmente nossas ações e garantir que estejam alinhadas com a visão e a missão. Isto pode incluir reuniões periódicas para discutir o progresso e ajustar as estratégias conforme necessário. Lembrar continuamente a equipe da visão e missão ajuda a manter a motivação e o senso de propósito.

Revisando e Ajustando a Visão Periodicamente

A visão de uma organização não é algo estático; ela deve evoluir com o tempo. À medida que a organização cresce e as circunstâncias mudam, é importante revisar e ajustar a visão para refletir novas realidades e objetivos. No MIR, nossa visão se expandiu e evoluiu ao longo dos anos para atender às necessidades de uma base de membros em crescimento e um impacto global cada vez maior.

Revisar a visão periodicamente não significa mudar os princípios fundamentais, mas sim ajustar a direção para garantir que a organização continue relevante e eficaz. Envolver a equipe neste processo de revisão também é crucial, pois garante que todos se sintam parte da evolução contínua da organização.

Expansão do MIR e Estabelecimento de uma Visão Clara para a Organização

Minha experiência com a expansão do MIR é um exemplo claro de como uma visão bem definida pode guiar uma organização através de tempos de crescimento e mudança. Quando assumi um papel de liderança, nossa visão era clara. Essa visão nos guiou através de muitas fases de crescimento, desde a nossa pequena organização inicial até nos tornarmos uma força global de liderança cristã.

Ao longo dos anos, mantivemos nosso foco na visão e missão, ajustando-as conforme necessário para refletir novas realidades e desafios. Esse compromisso foi fundamental para nosso sucesso e continua a nos guiar hoje.

Tudo isso é essencial para qualquer líder que deseja inspirar e guiar sua equipe de forma eficaz. Uma visão inspiradora motiva e direciona, enquanto uma missão bem definida proporciona um propósito claro e um caminho para alcançar essa visão. Manter o foco e a direção, alinhar a equipe e revisar periodicamente a visão são passos essenciais para garantir que a organização continue a crescer e a prosperar. Minha experiência confirmou a importância desses princípios, e estou confiante de que, ao implementá-los, você também verá um impacto positivo e duradouro em sua liderança e em sua organização.

CAPÍTULO 05

MOTIVANDO E INSPIRANDO A EQUIPE

Motivar e inspirar uma equipe é uma das responsabilidades mais cruciais de um líder. A motivação é o combustível que impulsiona a produtividade, a inovação e a lealdade dentro de uma organização. Durante minha jornada, aprendi que a verdadeira motivação vem de entender as necessidades e aspirações de cada membro da equipe. Não se trata apenas de incentivos financeiros, mas de criar um ambiente onde cada indivíduo se sinta valorizado e parte integral de um objetivo maior.

Uma das técnicas que sempre usei foi a definição de metas claras e alcançáveis. Quando os membros da equipe sabem exatamente o que se espera deles e como suas contribuições se encaixam no quadro geral, eles se sentem mais engajados e motivados. Além disso, fornecer feedback constante e construtivo ajuda a manter todos no caminho certo e reforça a importância de seu trabalho.

Reconhecimento e Recompensa

Reconhecer e recompensar os esforços da equipe é fundamental para manter a motivação alta. Um simples "obrigado" ou reconhecimento público pode fazer maravilhas para o moral da equipe. No MIR, implementamos uma abordagem única para reconhecimento e recompensa através das festas de multiplicação, como o evento Fruto Fiel. Nestes eventos, celebramos os propósitos alcançados e honramos nossos líderes pelo trabalho excepcional que realizaram. Esses eventos gigantescos e lindas festas são mais do que celebrações – são um reconhecimento público da dedicação e do esforço. Entendemos a importância da honra e, ao fazer isso, não apenas motivamos aqueles que são reconhecidos, mas também incentivamos outros a se esforçarem mais, sabendo que seu trabalho árduo será valorizado.

No campo dos negócios, além de elogios e reconhecimento verbal, recompensas tangíveis, como bônus, promoções e prêmios, também desempenham um papel importante. Estas recompensas mostram que a organização valoriza e aprecia o trabalho duro e a dedicação dos seus membros. É crucial que as recompensas sejam justas e baseadas no mérito para evitar ressentimentos e manter um ambiente de trabalho positivo.

Criando um Ambiente de Trabalho Positivo

Um ambiente de trabalho positivo é essencial para a motivação e o bem-estar da equipe. Sempre me esforcei para criar um ambiente onde todos se sentissem seguros, respeitados e valorizados. Isso incluía garantir que as condições de trabalho fossem adequadas, promovendo a colaboração e a comunicação aberta, e incentivando um equilíbrio saudável entre vida pessoal e profissional.

Para criar um ambiente positivo, é importante promover a transparência e a confiança. Quando os membros da equipe sentem que podem confiar em seus líderes e colegas, eles estão mais propensos a se comprometerem totalmente com seu trabalho. Além disso, organizar atividades de team building e eventos sociais pode fortalecer os laços entre os membros da equipe e criar um senso de comunidade.

O Papel da Empatia na Motivação

A empatia é uma ferramenta poderosa na motivação da equipe. Entender e se conectar com as emoções e experiências dos outros cria um ambiente de apoio e compreensão.

"Nada façam por ambição egoísta ou por vaidade, mas humildemente considerem os outros superiores a vocês mesmos." – Filipenses 2:3.

Este versículo nos lembra constantemente da importância de colocar as necessidades dos outros em primeiro lugar e liderar com compaixão.

Praticar a empatia envolve ouvir ativamente, ser acessível e demonstrar preocupação genuína com o bem-estar da equipe. Em tudo o que fiz, sempre fiz questão de estar disponível para ouvir as preocupações e sugestões dos membros da equipe. Essa abordagem não só fortaleceu a confiança, mas também incentivou um ambiente onde todos se sentiam à vontade para expressar suas ideias e preocupações.

Lembro de diversas vezes que presenciei o Ap. Renê Terra Nova lidando com líderes totalmente desmotivados, que chegavam ao MIR em busca de uma solução para o crescimento de suas organizações. Eram pessoas com o coração puro, cheias de propósito, mas não sabiam como e nem por onde começar.

Eu percebia, repetidamente, como o semblante desses líderes mudava ao ouvir as palavras motivadoras de Renê. Essa transformação sempre me inspirou e me levou a repetir essas atitudes. Viajar ao lado de Renê, observando suas técnicas e a maneira como ele se conectava com cada indivíduo, me ensinou a importância de tocar o coração das pessoas para realmente motivá-las.

Experiências de Motivação pelo Mundo

Ao viajar por dezenas de países, encontrei muitos líderes desmotivados. Como já sabia o caminho para ajudá-los, mostrava-lhes, motivava-os e gerava novas perspectivas. Esses líderes "incendiavam-se" com uma nova visão e transbordavam essa energia para seus liderados. Logo, suas organizações começavam a desfrutar de um crescimento jamais visto.

Por exemplo, em uma de minhas viagens à Europa, conheci um líder (vou preservar o país e o nome dele) que estava desanimado com os desafios culturais e econômicos que enfrentava. Trabalhamos juntos para redefinir sua visão e missão, inspirando não apenas ele, mas toda a sua equipe a perseguirem um novo horizonte. Em poucos meses, a transformação foi evidente – a produtividade aumentou e o ambiente de trabalho se tornou muito mais positivo.

A Importância de Inspirar Seus Liderados

Isso se tornou uma marca da nossa organização. Para você que lidera uma empresa, saber "incendiar" seus liderados, mostrando-lhes um caminho, é indispensável. Todo líder de sucesso carrega consigo uma visão clara de futuro, um propósito enorme, e sua presença já inspira quem está à sua volta. Se você quer ver sua empresa atingir novos patamares de crescimento, essa motivação precisa nascer de dentro de você!

Jesus disse: *"Eu vos dei o exemplo, para que, como Eu vos fiz, façais vós também"* (Jo. 13:15). A liderança pelo exemplo é a mais poderosa forma de inspirar os outros.

O Poder do Entusiasmo

Eu gosto muito da palavra entusiasmo. Entusiasmo significa "ter deus dentro de si"; ser entusiasmado é, pois, como ser inspirado por Deus. Um líder precisa ter entusiasmo, precisa ter Deus dentro de si – isso significa ter vida transbordando de si, logo, seus liderados receberão essa vida! Quando estamos cheios de vida e propósito, isso se reflete em nosso trabalho e na maneira como lideramos nossas equipes.

Ao motivar minha equipe, sempre enfatizei a importância de encontrar significado e propósito no trabalho que fazemos. Organizávamos retiros e encontros onde refletíamos sobre nossa missão e visão, renovando nosso compromisso com nossos valores e objetivos. Essa prática se mostrou extremamente eficaz em manter a equipe motivada e alinhada com nossos objetivos.

Motivar e inspirar uma equipe é uma arte que exige dedicação, empatia e uma visão clara de futuro. Aprendi, ao longo dos anos, que a chave para o sucesso está em tocar o coração das pessoas, mostrando-lhes o caminho e inspirando-as com nosso próprio entusiasmo e propósito. Que você também possa encontrar em si a chama que acenderá a paixão e a dedicação em sua equipe, levando sua organização a novos patamares de excelência e crescimento.

Motivar líderes em minhas consultorias sempre foi uma prioridade para mim. Uma das estratégias que usei foi a criação de um ambiente de aprendizado contínuo. Organizei workshops e seminários regulares para desenvolver habilidades e conhecimentos. Isso não só mantinha os líderes atualizados, mas também os motivava a aplicar o que aprendiam em suas funções.

Nas minhas consultorias, sempre enfatizei a importância de alinhar as metas individuais com os objetivos da organização. Quando as pessoas veem uma conexão clara entre seu trabalho e o sucesso geral da empresa, elas se sentem mais motivadas a dar o seu melhor. Além disso, sempre fiz questão de reconhecer publicamente os esforços e conquistas das pessoas, mostrando que seu trabalho era valorizado e apreciado.

Motivar e inspirar uma equipe é um processo contínuo que requer dedicação, empatia e uma compreensão profunda das necessidades e aspirações de cada membro. Ao implementar técnicas de motivação eficazes, reconhecer e recompensar o esforço, criar um ambiente de trabalho positivo e praticar a empatia, os líderes podem transformar suas equipes e alcançar resultados extraordinários. Minhas experiências confirmaram a importância desses princípios, e estou confiante de que, ao aplicá-los, você também verá uma transformação significativa em sua capacidade de liderar e motivar sua equipe.

CAPÍTULO 06

TOMADA DE DECISÕES COM SABEDORIA

A tomada de decisões é uma das habilidades mais críticas que um líder pode possuir. As decisões que tomamos moldam não apenas o nosso destino, mas também o destino daqueles que lideramos. Desde o início da minha jornada, compreendi que cada decisão deve ser baseada em princípios sólidos e valores inabaláveis. Esses princípios fornecem a base necessária para tomar decisões informadas e éticas, mesmo nas situações mais desafiadoras.

Uma decisão bem fundamentada começa com a clareza de propósito. Saber exatamente o que se deseja alcançar facilita a avaliação das opções disponíveis e ajuda a evitar distrações. Além disso, é essencial manter a integridade e a ética em todas as decisões. Agir com honestidade e transparência constrói confiança e respeito, tanto dentro quanto fora da organização.

Avaliando Opções e Consequências

Antes de tomar uma decisão, é crucial avaliar todas as opções e considerar suas consequências. Na nossa empresa, sempre adotamos uma abordagem cuidadosa para a tomada de decisões, analisando os prós e contras de cada opção. Isso envolve uma análise profunda das possíveis implicações a curto e longo prazo, considerando como cada decisão afetará a organização e seus membros.

Tomar decisões informadas exige a coleta de dados relevantes e a consulta de especialistas quando necessário. Por exemplo, quando estávamos planejando expandir nossas operações para outros países, realizamos extensas pesquisas de mercado e consultamos líderes locais para entender melhor os desafios e oportunidades em cada região. Essa abordagem nos permitiu fazer escolhas mais informadas e aumentar nossas chances de sucesso.

Tomando Decisões sob Pressão

Tomar decisões sob pressão é uma realidade constante para qualquer líder. As circunstâncias nem sempre permitem uma análise prolongada, e é nesses momentos que a verdadeira habilidade de um líder é testada. Aprendi, ao longo dos anos, que manter a calma e a clareza de pensamento é essencial quando se está sob pressão.

"Melhor é o homem paciente do que o guerreiro, mais vale controlar o seu espírito do que conquistar uma cidade." – Provérbios 16:32.

Manter a paciência e a compostura, mesmo em situações de alta pressão, permite que se tome decisões mais racionais e equilibradas. No MIR, enfrentamos muitas situações onde decisões rápidas eram necessárias. Nesses momentos, confiar na intuição, aliada à experiência e aos dados disponíveis, ajudou-nos a navegar por crises e a emergir mais fortes.

Utilizando Conselhos e Feedback

Uma das melhores maneiras de garantir que se está tomando a decisão correta é buscar conselhos e feedback. *"Os planos fracassam por falta de conselho, mas são bem-sucedidos quando há muitos conselheiros."* – Provérbios 15:22. Ao longo da minha carreira, sempre valorizei a sabedoria coletiva. Reunir diferentes perspectivas e experiências enriquece o processo de tomada de decisão e ajuda a evitar erros.

Na minha empresa, criamos um ambiente onde o feedback era incentivado e valorizado. Realizávamos reuniões regulares para discutir nossos planos e obter insights de todos os níveis da organização. Essa prática não apenas melhorava a qualidade das nossas decisões, mas também fortalecia o senso de comunidade e engajamento entre os membros da equipe.

Lidando com as Consequências das Decisões

Toda decisão traz consigo consequências. Algumas são imediatas, outras se manifestam ao longo do tempo. O importante é estar preparado para lidar com elas, aprendendo com cada experiência e ajustando o curso conforme necessário. No MIR, adotamos uma abordagem proativa para lidar com as consequências das nossas decisões, realizando avaliações regulares e fazendo os ajustes necessários para manter-nos no caminho certo.

Aceitar a responsabilidade pelas decisões tomadas é um aspecto crucial da liderança. Isso significa estar disposto a admitir erros e trabalhar para corrigi-los. Sempre incentivamos uma cultura de aprendizado contínuo, onde os erros eram vistos como oportunidades de crescimento e melhoria.

Criação da GC Consicred Consultoria

A criação da GC Consicred Consultoria foi um marco significativo na minha carreira. Percebi uma lacuna no mercado enquanto convivia com muitos empresários que buscavam orientação e suporte para crescerem em seus negócios. A decisão de profissionalizar o que eu já fazia informalmente veio da observação de uma oportunidade clara. Eu sabia que, ao formalizar meus serviços de consultoria, poderia ajudar um número muito maior de empresários a alcançar seus objetivos.

A decisão de abrir a GC Consicred Consultoria foi tomada rapidamente, mas não sem a devida consideração. Avaliei o mercado, consultei colegas e especialistas, e planejei cuidadosamente cada passo. Hoje, a GC Consicred é uma referência em consultoria de negócios e formação de líderes, impactando positivamente a vida de centenas de empresários no Brasil e em outros 26 países.

Tomar decisões com sabedoria é uma habilidade essencial para qualquer líder. Basear-se em princípios sólidos, avaliar opções e consequências, manter a calma sob pressão, buscar conselhos e feedback, e lidar com as consequências de forma responsável são práticas que garantem decisões informadas e eficazes. Minha experiência na criação da GC Consicred Consultoria e no MIR confirmou a importância desses princípios. Ao aplicá-los em sua liderança, você estará melhor preparado para guiar sua equipe e sua organização rumo ao sucesso.

CAPÍTULO 07

GESTÃO DE CONFLITOS E RESOLUÇÃO DE PROBLEMAS

GEAN CARLOS BARROS MUNIZ

A gestão de conflitos é uma habilidade indispensável para qualquer líder. Conflitos são inevitáveis em qualquer organização e podem surgir de diversas fontes, como diferenças de opinião, mal-entendidos ou disputas de poder. Identificar conflitos no ambiente de trabalho é o primeiro passo para resolvê-los de forma eficaz. Durante minha trajetória, tanto no Ministério Internacional da Restauração (MIR) quanto na minha empresa de consultoria, aprendi que a identificação precoce de conflitos permite uma intervenção mais rápida e eficaz, minimizando os impactos negativos na equipe e na produtividade.

Para identificar conflitos, é essencial estar atento aos sinais de tensão, como comunicação truncada, mudanças no comportamento dos colaboradores e queda no desempenho. Manter um canal de comunicação aberto e acessível também é crucial, permitindo que os membros da equipe expressem suas preocupações antes que se tornem problemas maiores.

Técnicas de Mediação e Resolução

Resolver conflitos requer habilidades de mediação e uma abordagem equilibrada. *"Quem tem conhecimento é comedido no falar, e quem tem entendimento é de espírito sereno."* – Provérbios 17:27. É importante manter a calma e a serenidade ao lidar com conflitos. Algumas das técnicas que utilizei incluem:

Escuta ativa: Ouvir atentamente todas as partes envolvidas sem interrupções. Isso ajuda a entender completamente a natureza do conflito e as perspectivas de cada um.

Empatia: Colocar-se no lugar dos outros para compreender suas emoções e motivações.

Neutralidade: Agir como um mediador imparcial, evitando tomar partido.

Foco na solução: Conduzir a discussão para encontrar soluções práticas e mutuamente benéficas, em vez de focar no problema ou nas culpas.

Compromisso: Incentivar as partes a chegarem a um acordo que satisfaça a todos.

Transformando Conflitos em Oportunidades

Conflitos, quando bem geridos, podem ser transformados em oportunidades de crescimento e inovação. Ao invés de ver o conflito como uma ameaça, comecei a encará-lo como uma oportunidade para fortalecer a equipe e melhorar os processos internos. Um exemplo marcante foi durante a expansão do MIR para novos territórios. Houve muitas discordâncias sobre a melhor abordagem para a internacionalização. Em vez de ignorar essas diferenças, promovemos uma série de workshops para discutir abertamente as preocupações e sugestões de todos. Esse processo não só resolveu os conflitos, mas também gerou ideias inovadoras que contribuíram significativamente para o nosso sucesso global.

Mantendo a Harmonia e a Produtividade

Manter a harmonia no ambiente de trabalho é fundamental para a produtividade. *"Decisões no presente definem seu futuro!"* – Ap. Renê Terra Nova. Lembro-me de diversas vezes em que essa sabedoria guiou minhas ações. Decisões tomadas de forma consciente e informada são essenciais para manter a harmonia e garantir que a equipe permaneça produtiva e motivada.

Uma estratégia eficaz é estabelecer normas claras de conduta e comunicação dentro da organização. Promover uma cultura de respeito e colaboração, onde todos se sintam valorizados e ouvidos, contribui para a manutenção de um ambiente harmonioso. Além disso, implementar programas de desenvolvimento pessoal e profissional pode ajudar a equipar a equipe com as habilidades necessárias para lidar com conflitos de maneira construtiva.

Experiências em Resolver Conflitos

Quantas vezes me deparei com discordâncias dentro da nossa empresa! Com a minha experiência, compreendi que ouvir a todos pode nos livrar de grandes prejuízos. Você, como líder, precisa ter a identidade para tomar decisões, ao mesmo tempo em que deve ter a sabedoria para ouvir a todos e entender os questionamentos. Em muitos momentos, mesmo com discordâncias, minha visão prevaleceu, mas em outros momentos, mesmo contrariado, decidi seguir a visão contrária, sempre para o bem da empresa.

Lembro-me de uma situação específica na GC Consicred Consultoria, onde houve um desacordo significativo sobre a estratégia de expansão de mercado. Alguns membros da equipe acreditavam que deveríamos focar em mercados já estabelecidos, enquanto outros queriam explorar novas regiões com potencial de crescimento. Após ouvir atentamente todas as perspectivas e avaliar as opções, decidi que seria melhor seguir a visão da equipe que queria explorar novas regiões. Embora essa decisão fosse contra minha intuição inicial, ela se mostrou acertada, resultando em um crescimento significativo para a empresa.

A gestão de conflitos e a resolução de problemas são habilidades essenciais para qualquer líder. Identificar conflitos precocemente, utilizar técnicas eficazes de mediação, transformar conflitos em oportunidades e manter a harmonia e a produtividade são práticas que garantem um ambiente de trabalho saudável e eficiente. Ao aplicá-las em sua liderança, você estará melhor preparado para enfrentar os desafios e guiar sua equipe rumo ao sucesso.

CAPÍTULO 08

DESENVOLVENDO HABILIDADES DE LIDERANÇA

Desenvolver habilidades de liderança eficazes é um processo contínuo e essencial para qualquer líder que deseja impactar positivamente sua equipe e organização. O primeiro passo é identificar as habilidades necessárias para exercer a liderança com excelência. Durante minha trajetória de liderança, percebi que habilidades como comunicação eficaz, tomada de decisão, empatia, resiliência e capacidade de inspirar são fundamentais para um líder.

Cada organização e situação podem exigir um conjunto específico de habilidades. Por isso, é importante realizar uma autoavaliação e buscar feedback para entender quais áreas precisam ser desenvolvidas. Esta análise ajudará a definir um plano de ação personalizado para aprimorar suas competências de liderança.

Métodos de Desenvolvimento de Habilidades

Existem várias abordagens para desenvolver habilidades de liderança. Durante minha carreira, utilizei uma combinação de métodos para garantir um desenvolvimento abrangente. Um dos métodos mais eficazes é o aprendizado experiencial, onde você aprende fazendo. Enfrentar desafios reais e resolver problemas no dia a dia proporciona lições valiosas que não podem ser obtidas apenas com teoria.

Além disso, investir em cursos de liderança, workshops e treinamentos específicos é crucial. No MIR, oferecemos uma série de treinamentos focados em desenvolver habilidades de liderança em diferentes áreas, desde comunicação até gestão de conflitos. Esses treinamentos fornecem ferramentas práticas e conhecimentos teóricos que capacitam os líderes a enfrentar os desafios com confiança.

Treinamento Contínuo e Aprendizado

A liderança é uma jornada contínua de aprendizado e crescimento. Nunca devemos parar de buscar conhecimento e aprimoramento.

"Lembrem-se dos seus líderes, que transmitiram a palavra de Deus a vocês. Observem bem o resultado da vida que tiveram e imitem a sua fé." – Hebreus 13:7.

Em toda a minha trajetória, sempre enfatizei a importância do treinamento contínuo. Organizei retiros de liderança, seminários e conferências onde os líderes podiam aprender com especialistas e compartilhar suas experiências. Além disso, sempre incentivei a leitura constante de livros sobre liderança e desenvolvimento pessoal. Manter-se atualizado com as tendências e práticas de liderança é fundamental para se adaptar às mudanças e liderar com eficácia.

Mentoria e Coaching de Liderança

A mentoria e o coaching são ferramentas poderosas no desenvolvimento de líderes. Ter um mentor que possa oferecer orientação, conselhos e apoio pode acelerar significativamente o crescimento de um líder. No MIR, estabelecemos programas de mentoria onde líderes experientes orientavam os novos líderes, compartilhando suas experiências e oferecendo insights valiosos.

O coaching de liderança também é uma prática que utilizamos na GC Consicred Consultoria. Como coach, ajudo líderes a identificar seus pontos fortes e áreas de melhoria, definindo metas claras e criando planos de ação para alcançá-las. O coaching proporciona um espaço seguro para reflexão e crescimento, permitindo que os líderes desenvolvam suas habilidades de forma mais eficaz.

Acompanhamento e Avaliação de Progresso

Para garantir que o desenvolvimento das habilidades de liderança esteja no caminho certo, é essencial realizar um acompanhamento e avaliação contínuos. No MIR e na GC Consicred Consultoria, implementamos sistemas de avaliação de desempenho que ajudavam a monitorar o progresso dos líderes. Feedback regular e construtivo é crucial para ajudar os líderes a entenderem onde estão indo bem e onde precisam melhorar.

Realizar avaliações periódicas permite ajustar os planos de desenvolvimento conforme necessário. Isso garante que os líderes estejam sempre evoluindo e aprimorando suas habilidades, preparados para enfrentar novos desafios e alcançar novos patamares de sucesso.

Programas de Treinamento de Liderança

Estou entusiasmado em anunciar a criação de um novo programa de treinamento de liderança, denominado "Liderança Transformacional". Este programa combina teoria e prática para capacitar líderes a inspirar e guiar suas equipes com eficácia. Estou empenhado em implementar este programa na minha empresa, visando impactar positivamente milhares de líderes em suas jornadas.

O programa "Liderança Transformacional" inclui módulos abrangentes sobre comunicação, tomada de decisão, gestão de conflitos e desenvolvimento de equipes. Utilizaremos estudos de caso reais, workshops interativos e sessões de coaching para garantir um aprendizado profundo e prático. Estou confiante de que os resultados serão notáveis, com os participantes relatando melhorias significativas em suas habilidades de liderança e desempenho organizacional.

Além disso, estou implementando um sistema de formação contínua onde os líderes passarão por diferentes níveis de treinamento, desde o básico até o avançado. Esse sistema permitirá que os líderes cresçam de forma estruturada e consistente, sempre alinhados com a visão e os valores da organização.

Desenvolver habilidades de liderança é um processo contínuo e multifacetado. Identificar as habilidades necessárias, utilizar métodos eficazes de desenvolvimento, investir em treinamento contínuo, buscar mentoria e coaching, e realizar avaliações regulares são passos essenciais para garantir o crescimento e a eficácia de um líder.

CAPÍTULO 09

LIDERANÇA E ÉTICA

GEAN CARLOS BARROS MUNIZ

A liderança verdadeira não pode existir sem uma base sólida de ética. Princípios éticos são os pilares que sustentam a confiança, o respeito e a credibilidade de um líder. Sempre acreditei que a integridade é a chave para uma liderança eficaz e duradoura. Ética não é apenas uma questão de conformidade com regras e regulamentos; é um compromisso profundo com a justiça, a honestidade e a responsabilidade.

Construindo uma Cultura de Integridade

Criar e manter uma cultura de integridade dentro de uma organização exige esforço contínuo e um compromisso inabalável com valores éticos. Na nossa empresa, estabelecemos códigos de conduta claros e realizamos treinamentos regulares para garantir que todos compreendam e sigam nossos princípios éticos. Além disso, encorajamos uma comunicação aberta e transparente, onde todos se sentem à vontade para levantar preocupações e discutir questões éticas.

Adotei uma abordagem semelhante, promovendo a integridade em todas as nossas operações e interações. Realizamos sessões de orientação ética para nossos colaboradores e clientes, enfatizando a importância de agir com honestidade e responsabilidade em todos os aspectos dos negócios.

Lidando com Dilemas Éticos

Para lidar com dilemas éticos, é essencial ter um processo estruturado que permita a análise cuidadosa das opções disponíveis. Os dilemas éticos são inevitáveis na liderança, mas como lidamos com eles define nosso caráter e a cultura de nossa organização. *"Procure apresentar-se a Deus aprovado, como obreiro que não tem do que se envergonhar e que maneja corretamente a palavra da verdade."* – 2 Timóteo 2:15. Este versículo me lembra da importância de agir com integridade, mesmo quando enfrentamos decisões difíceis.

Para lidar com dilemas éticos, é essencial ter um processo estruturado que permita a análise cuidadosa das opções disponíveis. Recomendo a formação de um comitê de ética ou um grupo consultivo que possa avaliar situações complexas e oferecer orientações baseadas nos valores e princípios da organização. Este grupo pode ajudar a garantir que todas as decisões sejam tomadas de maneira justa e transparente. Ao buscar diferentes perspectivas e discutir abertamente as questões, você pode tomar decisões mais informadas e éticas, fortalecendo a integridade de sua liderança e da organização como um todo.

Exemplos de Líderes Éticos

A história está repleta de exemplos de líderes que se destacaram por sua ética e integridade. Como já citado, Nelson Mandela, por exemplo, é um ícone de liderança ética, cuja luta pela justiça e igualdade na África do Sul inspirou o mundo inteiro. Outro exemplo notável que cito novamente é Martin Luther King Jr., cujo compromisso com os direitos civis e a não-violência mudou o curso da história americana.

No MIR, tivemos a honra de formar líderes que seguiram esses exemplos, agindo com integridade e promovendo a justiça em suas comunidades. A ética sempre foi um elemento central na nossa formação de líderes, e vimos em primeira mão o impacto positivo que líderes éticos podem ter no mundo.

Impacto da Ética na Reputação e Sucesso da Empresa

A ética tem um impacto profundo na reputação e no sucesso de uma empresa. Organizações que operam com integridade ganham a confiança de seus clientes, colaboradores e parceiros, criando um ambiente de respeito mútuo e cooperação. Sempre acreditei que a nossa reputação é um dos nossos ativos mais valiosos. Mantendo um compromisso firme com a ética, conseguimos construir relacionamentos sólidos e duradouros com nossos clientes e parceiros.

A ética também contribui para a sustentabilidade a longo prazo. Empresas que valorizam a integridade são mais capazes de atrair e reter talentos, além de manter a lealdade de seus clientes. Ela não é apenas a coisa certa a fazer; é também uma estratégia inteligente para o sucesso sustentável.

A Importância da Ética na Formação de Líderes

Na minha experiência, a ética sempre desempenhou um papel central na formação de líderes e na operação dos meus negócios. Desde o início, compreendi que sem ética, qualquer sucesso seria efêmero. Estabelecemos padrões éticos elevados e promovemos esses valores em todos os nossos programas de treinamento de liderança.

Em muitas ocasiões, tive que tomar decisões difíceis que testaram minha ética e integridade. Por exemplo, houve um momento em que enfrentamos a tentação de adotar práticas menos transparentes para ganhar um contrato significativo. Resistimos a essa tentação e mantivemos nossos princípios, mesmo sabendo que poderíamos perder a oportunidade. No final, nossa integridade nos trouxe reconhecimento e respeito no mercado, resultando em mais negócios a longo prazo.

A liderança ética é fundamental para construir uma organização forte e respeitável. Princípios éticos, uma cultura de integridade, lidar com dilemas éticos, aprender com exemplos de líderes éticos e entender o impacto da ética na reputação e sucesso da empresa são essenciais para qualquer líder.

CAPÍTULO 10

INOVAÇÃO E CRIATIVIDADE NA LIDERANÇA

A inovação e a criatividade são motores essenciais para o progresso de qualquer organização. Como líder, uma das minhas prioridades sempre foi criar um ambiente onde a criatividade fosse estimulada e valorizada. Aprendi que permitir que a equipe expresse suas ideias livremente e sem medo de julgamento é fundamental. Incentivar sessões de brainstorming, oferecer espaço para discussões abertas e reconhecer ideias inovadoras são práticas que ajudam a cultivar um ambiente criativo.

Para estimular a criatividade, é importante fornecer os recursos e as ferramentas necessárias. Isso pode incluir acesso a novos conhecimentos, tecnologias e oportunidades de desenvolvimento profissional. Além disso, promover um ambiente diversificado e inclusivo, onde diferentes perspectivas são valorizadas, pode gerar ideias mais ricas e inovadoras.

Implementação de Novas Ideias

Transformar ideias criativas em realidade é um desafio que exige planejamento e execução cuidadosos. A implementação de novas ideias começa com a avaliação de sua viabilidade e potencial impacto. Durante minha carreira, desenvolvi um processo estruturado para avaliar e implementar inovações, garantindo que cada ideia recebesse a atenção e os recursos necessários para prosperar.

Fomento de um Ambiente Inovador

Criar e manter um ambiente inovador requer um esforço contínuo e um compromisso com a mudança. Como líder, é importante promover uma cultura que valorize a experimentação e o aprendizado contínuo. Isso envolve não apenas incentivar a inovação, mas também estar disposto a assumir riscos calculados e aprender com os erros.

No MIR, através da liderança do Ap. Renê Terra Nova, adotamos a prática de realizar revisões periódicas de nossos processos e estratégias, sempre buscando maneiras de melhorar e inovar. Isso nos permitiu manter a organização dinâmica e adaptável, pronta para enfrentar novos desafios e aproveitar oportunidades emergentes.

Superação de Barreiras à Inovação

A inovação frequentemente enfrenta barreiras que podem dificultar seu progresso. Identificar e superar essas barreiras é essencial para manter o impulso criativo. Algumas das barreiras comuns incluem resistência à mudança, falta de recursos e uma cultura organizacional rígida.

Para superar essas barreiras, é crucial comunicar claramente a importância da inovação e os benefícios que ela pode trazer. Além disso, proporcionar treinamento e desenvolvimento contínuos ajuda a equipe a se adaptar e a adotar novas práticas com mais facilidade. Manter um diálogo aberto e transparente também é fundamental para abordar preocupações e obter o apoio necessário para iniciativas inovadoras.

"O verdadeiro líder é aquele que deixa um legado e inspira outros a irem além." – Ralph Nader

Quais são as características de um líder inovador?

Um líder inovador possui várias características que o distinguem e o capacitam a transformar ideias criativas em realidade. A seguir, destaco algumas das principais características que considero fundamentais para a liderança inovadora.

Autoconhecimento

O autoconhecimento é a chave para todo profissional. Conhecer seus pontos fortes e fracos é essencial para desempenhar um bom trabalho. Um líder inovador reconhece suas limitações e busca constantemente por aperfeiçoamento. Através da reflexão e do feedback, ele identifica áreas de melhoria e trabalha para desenvolver suas habilidades.

Visão Estratégica

Uma das atribuições de um líder é ter uma visão estratégica clara. Na busca por inovação, é essencial transformar ideias em realidade. Um líder inovador possui uma visão além da ideia em si, avaliando sua viabilidade prática e desenvolvendo um plano para implementá-la. Essa visão estratégica permite que ele conduza sua equipe em direção a objetivos claros e alcançáveis.

Maximização de Valores

Um líder deve ter clareza sobre os valores fundamentais para a concretização de sua visão e a capacidade de transmitir esses valores à equipe. Durante momentos de crise, esses valores servem como uma bússola, guiando o comportamento e as decisões da equipe. Um líder inovador incentiva o espírito de equipe e demonstra como cada membro é essencial para o sucesso coletivo.

Experiências Desafiadoras

Líderes inovadores incentivam suas equipes a ir além de suas metas rotineiras e a experimentar novas ideias. Isso promove um ambiente onde a inovação pode florescer. Desafiar a equipe a pensar fora da caixa e explorar novas abordagens resulta em um trabalho mais produtivo e criativo. Muitas vezes, uma grande ideia está apenas esperando o estímulo certo para germinar.

Cultivo de Talentos

Reconhecer e desenvolver talentos é um dos grandes desafios de líderes inovadores. Inspirar e orientar pessoas a aprimorarem suas capacidades, superando seus medos, é fundamental para extrair o máximo potencial da equipe. Um líder inovador identifica habilidades únicas e trabalha para potencializá-las, criando um ambiente onde todos possam prosperar.

Construção de Alianças

Para consolidar uma visão, líderes inovadores sabem que precisam de uma boa rede de alianças estratégicas. Estabelecer parcerias comerciais que agreguem novos recursos, capacidades e competências é essencial para alcançar objetivos mútuos. Essas alianças proporcionam suporte adicional e novas perspectivas, fortalecendo a capacidade de inovação.

Aprendizado Permanente

O mundo está em constante mudança, e um líder inovador deve estar em um estado permanente de aprendizado e questionamento. Aprender com fracassos e sucessos e incentivar a equipe a fazer o mesmo é crucial para a inovação contínua. Encorajar uma cultura de aprendizado onde os erros são vistos como oportunidades de crescimento promove um ambiente de inovação e melhoria contínua.

Conclusão

A inovação e a criatividade são essenciais para o sucesso e a sustentabilidade de qualquer organização. Estimular a criatividade na equipe, implementar novas ideias, fomentar um ambiente inovador, superar barreiras à inovação e desenvolver características de liderança inovadora são práticas fundamentais. Ao aplicá-las, você estará preparado para liderar com confiança e alcançar um impacto duradouro em sua organização.

CAPÍTULO 11

GERENCIAMENTO DO TEMPO E PRODUTIVIDADE

A gestão eficaz do tempo é uma habilidade essencial para qualquer líder. Ao longo da minha carreira, aprendi que a forma como gerenciamos nosso tempo impacta diretamente nossa produtividade e nossa capacidade de alcançar objetivos. "A questão essencial não é 'o quanto você está ocupado', mas sim 'com o que você está ocupado.'" – Oprah Winfrey. Gerenciar o tempo não é apenas sobre estar ocupado, mas sobre estar ocupado com as tarefas certas.

Técnicas para Aumentar a Produtividade

Para aumentar a produtividade, é fundamental adotar técnicas que ajudem a focar nas tarefas mais importantes e evitar distrações. Uma das técnicas que mais utilizo é a priorização de tarefas, onde defino quais atividades são mais críticas e precisam ser abordadas primeiro. Também é importante organizar o dia de forma eficiente e evitar a multitarefa, que pode prejudicar a qualidade do trabalho e aumentar o tempo necessário para concluir tarefas.

Ferramentas e Recursos de Gestão do Tempo

Existem várias ferramentas e recursos que podem auxiliar na gestão do tempo. Eu vou falar sobre alguns aplicativos neste capítulo, eles ajudam a monitorar quanto tempo você gasta em diferentes tarefas e identificar áreas onde pode melhorar a eficiência. Além disso, utilizar listas de tarefas e calendários digitais pode ajudar a manter o foco e garantir que todas as responsabilidades sejam cumpridas dentro do prazo.

Equilíbrio entre Vida Profissional e Pessoal

Manter um equilíbrio saudável entre vida profissional e pessoal é essencial para evitar o burnout e garantir um desempenho sustentável a longo prazo. Reservar tempo para pausas regulares e atividades pessoais pode melhorar a saúde mental e aumentar a produtividade. Afastar-se do trabalho por alguns minutos a cada duas horas pode ajudá-lo a alcançar mais com maior conforto e prazer, aumentando sua eficiência geral.

Métodos de Gerenciamento de Tempo

Ao longo da minha trajetória, desenvolvi várias técnicas para gerenciar meu tempo de forma eficaz. A seguir, compartilho sete técnicas que considero essenciais para uma gestão de tempo eficiente.

1. Priorize suas Tarefas

No dia a dia, algumas tarefas são mais importantes que outras. Determinar quais são suas prioridades é o primeiro passo para uma gestão do tempo eficaz. Um método eficaz para priorizar suas tarefas diárias é a Matriz de Eisenhower, que permite categorizar e separar suas atividades mais críticas daquelas que você pode delegar ou eliminar totalmente.

A Matriz de Eisenhower é um planejamento metódico, que divide as tarefas em quatro quadrantes de acordo com o seu grau de importância e urgência:

MATRIZ DE EISENHOWER

	IMPORTANTE E URGENTE	IMPORTANTE E NÃO URGENTE
IMPORTÂNCIA	1º QUADRANTE: FAÇA AGORA!	2º QUADRANTE: AGENDE!
	NÃO IMPORTANTE E URGENTE	NÃO IMPORTANTE E NÃO URGENTE
	3º QUADRANTE: DELEGUE!	4º QUADRANTE: ELIMINE!

URGÊNCIA

Importante e urgente: deve ser executada imediatamente. Exemplos: crises e demandas com prazos curtos.

Importante, porém não urgente: pode ser realizada em médio ou longo prazo. Exemplos: treinamentos, planejamento de projetos, desenvolvimento de processos.

Urgente, porém não importante: tarefas que podem ser delegadas. Exemplos: tarefas administrativas, reservas, pedidos.

Não urgente, não importante: atividades que podem esperar para serem feitas, ou mesmo eliminadas. Exemplos: telefonemas e e-mails não importantes, distrações.

2. Organize seu Dia

Organizar o dia é fundamental para melhorar a gestão do tempo. Priorizar tarefas e medir o progresso ajuda a manter o foco nos objetivos maiores. Escrever listas de tarefas diárias e considerar interrupções potenciais pode ajudar a manter uma agenda organizada e eficiente.

3. Evite Multitarefas

Embora muitas pessoas se orgulhem de sua capacidade de multitarefas, isso pode prejudicar a concentração e a memória de trabalho. Dedicar toda a atenção a uma única tarefa é essencial para melhorar a gestão do tempo. Dividir tarefas complexas em partes menores pode facilitar o foco e a conclusão eficiente.

4. Evite Distrações

Distrações são inimigas da produtividade. Ótimas maneiras de evitar distrações incluem deixar o telefone de lado, desligar notificações e ter um espaço de trabalho dedicado. Pedir a familiares ou colegas para não interromper com assuntos não relacionados ao trabalho também pode ser útil.

5. Aprenda a Dizer Não

Assumir mais responsabilidades do que pode lidar pode prejudicar sua eficiência. Definir limites claros para a quantidade de trabalho que você está disposto a aceitar ajuda a focar nas tarefas mais importantes. Aprender a dizer não de forma educada e explicativa é fundamental para manter a produtividade.

6. Use Aplicativos de Gerenciamento de Tempo

Aplicativos de gerenciamento de tempo, como Rescuetime e Toggl Track, podem aumentar significativamente sua eficiência. Esses aplicativos ajudam a monitorar o tempo gasto em tarefas e evitar distrações, proporcionando uma visão clara de como o tempo está sendo utilizado.

7. Faça Pausas

Pular pausas pode resultar em esgotamento rápido e estresse. Afastar-se do trabalho por alguns minutos a cada duas horas pode ajudar a alcançar mais com maior conforto e prazer, aumentando a eficiência geral. Pausas regulares são essenciais para manter a saúde mental e a produtividade a longo prazo.

Gerenciar o tempo de forma eficaz é crucial para aumentar a produtividade e alcançar um equilíbrio saudável entre vida profissional e pessoal. Adotar técnicas como priorização de tarefas, organização diária, evitar multitarefas, evitar distrações, aprender a dizer não, usar aplicativos de gerenciamento de tempo e fazer pausas regulares pode fazer uma grande diferença na sua eficiência e bem-estar.

Com todas as minhas viagens, conhecendo culturas de diferentes países, uma coisa que é comum é a dificuldade na gestão do tempo das pessoas. Não se sinta mal se esse assunto é um problema para você; apenas aplique o que ensinei aqui e seja resiliente. Aproveite as ferramentas e técnicas que compartilhei e busque melhorar gradativamente. Lembre-se de que a gestão do tempo é uma habilidade que se desenvolve com prática e dedicação. Com perseverança e o uso adequado dos recursos disponíveis, você pode alcançar um equilíbrio produtivo e eficiente em sua vida pessoal e profissional.

CAPÍTULO 12

CONSTRUINDO RELAÇÕES SÓLIDAS

GEAN CARLOS BARROS MUNIZ

Ao longo da minha carreira, aprendi que as relações profissionais são a base de qualquer empreendimento bem-sucedido. Construir e manter conexões sólidas com colegas, parceiros e clientes é essencial para o crescimento e a sustentabilidade de uma organização. Quando trabalhamos juntos, alcançamos mais do que poderíamos individualmente. As redes de relacionamento não apenas ampliam as oportunidades de negócios, mas também oferecem suporte em momentos de desafios e mudanças.

Networking Eficaz

O networking eficaz vai além de trocar cartões de visita e adicionar contatos no LinkedIn. Trata-se de construir relacionamentos genuínos baseados em confiança e respeito mútuo. Participe de eventos do setor, workshops e conferências para conhecer pessoas com interesses e objetivos semelhantes.

Invista tempo para conhecer as pessoas, entender suas necessidades e oferecer ajuda sempre que possível. Lembre-se de que o networking é uma via de mão dupla, e quanto mais você dá, mais recebe.

Construção de Confiança e Respeito

A confiança é a pedra angular de qualquer relação profissional bem-sucedida. Para construir confiança, seja transparente em suas ações e comunicações. Honre seus compromissos e seja consistente em suas palavras e ações. O respeito também é fundamental; trate todos com dignidade, independentemente de sua posição na hierarquia. Como Jesus nos ensinou:

"Como vocês querem que os outros lhes façam, façam também vocês a eles." – Lucas 6:31.

Pratique a empatia e esteja disposto a ouvir e considerar as perspectivas dos outros.

Gerenciamento de Relacionamentos Difíceis

Em qualquer ambiente profissional, inevitavelmente enfrentaremos relacionamentos desafiadores. O segredo para lidar com esses relacionamentos é manter a calma e a compostura. Identifique a raiz do conflito e aborde-o de maneira construtiva. Utilize a escuta ativa para entender verdadeiramente as preocupações da outra pessoa e busque soluções que beneficiem ambos os lados. Lembre-se das palavras de Provérbios 17:27: *"Quem tem conhecimento é comedido no falar, e quem tem entendimento é de espírito sereno."*

"Os que vivem sozinhos refletem a natureza da solidão, precisam de ajuda no presente para não morrerem solitários no futuro." – Ap. Renê Terra Nova

Como Tornar uma Empresa Mais Ética?

Para construir uma empresa mais ética, o primeiro passo é estabelecer um Código de Conduta claro, definindo os valores e princípios fundamentais da organização. Um documento bem elaborado comunica esses valores a todos os colaboradores e parceiros, estabelecendo expectativas comportamentais claras.

No entanto, ir além da simples documentação é crucial. A disseminação dessas diretrizes deve ser contínua e acessível a todos. Realize reuniões regulares, campanhas educativas e treinamentos específicos para garantir que todos compreendam e incorporem os princípios éticos no dia a dia.

Aqui estão algumas ações que fortalecem a ética empresarial:

Engajamento da Alta Administração: A liderança pelo exemplo é fundamental. A alta administração deve demonstrar um compromisso inabalável com os valores éticos, tornando-se um modelo para todos os outros níveis da organização.

Incentivo à Denúncia Responsável: Estabelecer canais seguros e confidenciais para que os colaboradores possam relatar preocupações éticas sem medo de represálias é essencial. Isso ajuda na identificação e resolução precoce de problemas.

Transparência e Responsabilidade: A empresa deve ser transparente em suas práticas e responsável por suas ações. Isso envolve a prestação de contas por comportamentos éticos e a disposição de corrigir erros caso ocorram desvios.

Integração da Ética nas Decisões: Tomar decisões éticas deve ser uma prioridade central em todas as operações. A ética deve ser considerada em questões como contratação, promoção, parcerias comerciais e decisões estratégicas.

Promoção da Diversidade e Inclusão: Valorizar a diversidade e promover uma cultura inclusiva é crucial para a ética empresarial. Isso garante que todos os indivíduos sejam tratados com respeito e igualdade.

Revisão e Melhoria Contínua: Periodicamente, a empresa deve revisar e avaliar a eficácia de suas práticas éticas. Isso permite identificar áreas de melhoria e ajustar as estratégias conforme necessário.

Com todas as minhas viagens, conhecendo culturas de diferentes países, uma coisa que é comum é a dificuldade na gestão do tempo das pessoas. Não se sinta mal se esse assunto é um problema para você; apenas aplique o que ensinei aqui e seja resiliente. Aproveite as ferramentas e técnicas que compartilhei e busque melhorar gradativamente. Lembre-se de que a gestão do tempo é uma habilidade que se desenvolve com prática e dedicação. Com perseverança e o uso adequado dos recursos disponíveis, você estará preparado para liderar com confiança e alcançar um impacto duradouro em sua organização.

CAPÍTULO 13

DESENVOLVENDO A RESILIÊNCIA

Resiliência é a capacidade de se recuperar rapidamente de dificuldades e adaptar-se às mudanças. Na liderança, essa habilidade é essencial para enfrentar os desafios inevitáveis e emergir mais forte. A resiliência permite que um líder mantenha a calma sob pressão, tome decisões difíceis e continue motivando sua equipe mesmo em tempos de crise.

Técnicas para Desenvolver a Resiliência

Desenvolver a resiliência não é algo que acontece da noite para o dia. É um processo contínuo que envolve várias técnicas e práticas. A primeira etapa é reconhecer a importância da resiliência e estar disposto a trabalhar nela. Aqui estão algumas estratégias que podem ajudar:

Adotar uma Mentalidade Flexível: Ser adaptável é fundamental. Líderes resilientes têm a capacidade de ver as coisas de diferentes perspectivas e se ajustar conforme necessário. Essa flexibilidade mental permite que você encontre soluções criativas para problemas complexos.

Manter uma Mentalidade Positiva: Focar no lado positivo das coisas, mesmo em situações difíceis, é crucial. Como Ralph Nader disse: "O verdadeiro líder é aquele que deixa um legado e inspira outros a irem além." Cultivar uma visão otimista pode inspirar e motivar sua equipe a superar obstáculos.

Buscar Conselhos e Feedback: Aceitar conselhos e feedback é vital para o crescimento. Como diz em Provérbios 15:22: "Os planos fracassam por falta de conselho, mas são bem-sucedidos quando há muitos conselheiros." Esteja aberto a opiniões externas e utilize-as para melhorar suas estratégias.

Desenvolver uma Rede de Suporte: Ter uma rede de apoio, seja ela composta por amigos, família ou colegas, pode fornecer a força necessária para enfrentar adversidades. Apoios positivos podem oferecer perspectivas valiosas e ajudar a aliviar o estresse.

Superação de Desafios e Adversidades

Todos enfrentamos desafios e adversidades em algum momento de nossas vidas. A chave é como lidamos com essas situações. Às vezes, cometemos erros, e como Ap. Renê Terra Nova sabiamente disse: *"Às vezes você comete um erro e tem duas escolhas: viver com ele, ou consertá-lo!"* Encarar os erros como oportunidades de aprendizado e crescimento é uma parte fundamental da resiliência.

A Importância da Mentalidade Positiva

Manter uma mentalidade positiva é vital para desenvolver a resiliência. A positividade não significa ignorar os problemas, mas sim abordá-los com uma atitude de esperança e determinação. Esta mentalidade ajuda a transformar desafios em oportunidades e mantém a moral alta, mesmo em tempos difíceis.

6 Dicas Para Desenvolver A Resiliência

Cada pessoa tem uma forma única de lidar com os traumas, com o estresse e com as dificuldades. No entanto, há pessoas que parecem se "recuperar" de forma mais rápida. A resiliência é a chave para superar situações difíceis. Ademais, essa habilidade pode ser trabalhada para ser desenvolvida. Aqui estão algumas dicas:

Ser Uma Pessoa Adaptável

Pessoas resilientes têm a flexibilidade para ver diferentes pontos de vista. Adaptar-se às situações através de ajustes é crucial. Em momentos ruins, trabalhar o psicológico para ver o "outro lado da moeda" é essencial.

Focar Em Atitudes Assertivas

Em vez de ficar paralisado pela negatividade, procure uma solução para o problema ou aprenda lições com a situação. A resiliência envolve a capacidade de transformar adversidades em oportunidades de crescimento.

Aprender Com As Situações

Não se vitimize. Pergunte-se o que pode aprender com cada situação negativa. Use essas lições para tomar atitudes diferentes no futuro.

Liberar O Estresse E A Tensão

Encontre formas de liberar sentimentos negativos. Meditação, hobbies, esportes e escrever diários são boas opções. Terapia também pode ser uma ferramenta valiosa para lidar com emoções difíceis.

Confiar Em Si Mesmo

Trabalhe na autoestima e autoconfiança. Reconheça suas qualidades, acredite em si mesmo e saiba se amar e respeitar. Isso trará vantagens para a qualidade de vida, como alcançar metas, lidar com críticas e ter satisfação pessoal.

Ter Bases De Apoio

Relacionamentos de apoio, como família e amigos, são cruciais para desenvolver a resiliência. Eles oferecem uma rede de segurança que ajuda a enfrentar dificuldades com mais tranquilidade.

Ao longo da minha trajetória na GC Consicred Consultoria, enfrentei inúmeros desafios e situações adversas. Em muitos momentos, mesmo com discordâncias internas, eu soube manter a calma e encontrar soluções que beneficiassem a empresa como um todo. A resiliência foi um fator crucial para superar esses obstáculos e garantir que a empresa continuasse a crescer e prosperar.

CAPÍTULO 14

LIDERANÇA EM TEMPOS DE CRISE

GEAN CARLOS BARROS MUNIZ

Liderar em tempos de crise exige uma combinação de calma, visão clara e decisões rápidas e eficazes. Os princípios para liderar em crises começam com a compreensão da natureza da crise e a preparação para o inesperado. A primeira regra é manter a calma e não entrar em pânico. Uma mente tranquila pode avaliar a situação com mais clareza e tomar decisões mais acertadas.

Planejamento e Preparação para Crises

A preparação para crises envolve antecipar possíveis problemas e ter planos de contingência em vigor. Isso significa identificar riscos potenciais e desenvolver estratégias para mitigá-los. No MIR, sempre enfatizamos a importância do planejamento estratégico e da preparação para eventualidades. Esses planos incluem rotas alternativas, alocação de recursos e definição de responsabilidades claras para cada membro da equipe.

Comunicação Eficaz durante Crises

A comunicação é um fator crucial em tempos de crise. Manter todos informados sobre a situação atual, os passos a serem seguidos e as expectativas ajuda a reduzir o pânico e mantém a equipe unida. A clareza e a transparência são essenciais. *"Escolham homens sábios, criteriosos e experientes de cada uma de suas tribos, e eu os colocarei como chefes de vocês."* – Deuteronômio 1:13. Esta passagem destaca a importância de escolher líderes competentes e confiáveis para guiar a equipe através da tempestade.

Tomada de Decisões em Situações de Crise

Tomar decisões sob pressão é um teste de liderança. A capacidade de avaliar rapidamente a situação, considerar todas as opções e escolher o melhor curso de ação é fundamental. É importante confiar no próprio julgamento, mas também buscar conselhos de outros líderes e especialistas quando necessário.

Finalizando com uma Reflexão sobre a Crise

Crise vem do latim "crĭsis", que significa momento de decisão ou mudança súbita. Na medicina, refere-se ao ponto decisivo na evolução de uma doença, para a cura ou para a morte. Em economia, é a transição entre um surto de prosperidade e outro de depressão. Nos últimos meses, temos ouvido muito essa palavra devido à instabilidade política, econômica, social e de saúde pública.

Como os líderes lidam com a crise? Devemos nos fazer três perguntas: Vou mudar? Vou continuar no mesmo estágio? Vou desistir? Os momentos de crise são testes para nossa capacidade de adaptação e resiliência.

Personagens bíblicos como Moisés, Abraão, Pedro, Paulo e Ester enfrentaram crises e mudanças significativas. Moisés liderou os israelitas em meio a uma crise no Egito. Abraão enfrentou a missão dada por Deus de formar uma nova nação. Pedro e Paulo tiveram que mudar radicalmente suas vidas para espalhar o evangelho. Ester arriscou sua vida para salvar seu povo. Esses exemplos mostram que líderes precisam lidar com crises e mudanças, pois "missão e crises andam juntas."

Liderando na Crise com Decisão e Fé

Durante minha trajetória, enfrentei inúmeras crises e situações adversas. Cada crise exigiu planejamento, preparação e uma comunicação eficaz. Aprendi a tomar decisões rápidas e a confiar em minha capacidade de liderança. Em 2007, ao observar atentamente o mercado e reconhecer uma crescente demanda por serviços de consultoria especializados, tomei uma decisão crucial. Não se tratava apenas de preencher uma lacuna, mas de transformar uma visão em realidade. A criação da GC Consicred Consultoria foi uma resposta estratégica a essa necessidade, permitindo-me formalizar e expandir o trabalho que já vinha desenvolvendo. Essa decisão foi mais do que uma simples resposta ao mercado; foi um passo decisivo que consolidou minha trajetória como líder e consultor, e me permitiu oferecer um suporte ainda mais robusto e estruturado para empresários em busca de crescimento e excelência.

A liderança em tempos de crise é um teste de caráter, habilidade e fé. Com base nos princípios que aprendi ao longo dos anos e nas lições de figuras históricas e bíblicas, estou convencido de que a preparação, a comunicação e a tomada de decisões informadas são cruciais para superar qualquer crise. Lembre-se, crises são oportunidades para crescer e se fortalecer. Se mantivermos nossa visão clara e nossos valores firmes, seremos capazes de liderar nossas equipes através de qualquer tempestade, emergindo mais fortes e preparados para o futuro.

GEAN CARLOS BARROS MUNIZ

CAPÍTULO 15

O LEGADO DA LIDERANÇA

A o longo da minha jornada, percebi que a liderança não é apenas sobre o momento presente, mas sobre o impacto duradouro que deixamos para as futuras gerações. Definir um legado vai além de conquistas individuais; trata-se de influenciar positivamente aqueles ao nosso redor e preparar o terreno para que outros possam seguir e prosperar. Meu objetivo sempre foi deixar um legado de liderança servidora, baseada em valores éticos e em princípios cristãos que transcendem barreiras culturais e profissionais.

Preparando a Próxima Geração de Líderes

Preparar a próxima geração é uma responsabilidade que carrego com grande honra e seriedade. Ensinar, guiar e inspirar os futuros líderes é essencial para garantir que o trabalho que começamos continue a florescer. No MIR, tive a oportunidade de mentor de inúmeros jovens, ajudando-os a descobrir seu potencial e a desenvolver habilidades que os tornaram líderes eficazes e compassivos. Como Hebreus 13:7 nos lembra, "Lembrem-se dos seus líderes, que transmitiram a palavra de Deus a vocês. Observem bem o resultado da vida que tiveram e imitem a sua fé."

Influência Duradoura e Impacto Positivo

A verdadeira medida de um líder é o impacto positivo e duradouro que ele deixa. Bill Gates, por exemplo, revolucionou a tecnologia e continua a influenciar o mundo através de suas iniciativas filantrópicas. Walt Disney transformou o entretenimento e criou um legado que transcende gerações. Nelson Mandela, com sua coragem e resiliência, mudou a história de um país e inspirou o mundo. Steve Jobs redefiniu a tecnologia e o design, deixando uma marca indelével em nossas vidas cotidianas. Martin Luther King, com sua luta incansável pelos direitos civis, tornou-se um símbolo eterno de justiça e igualdade.

Histórias de Líderes que Deixaram um Legado

Bill Gates

Nascido em Seattle, nos Estados Unidos, William Henry Gates III é um dos mais bem-sucedidos empreendedores do mundo. Ativista em prol de uma vivência humana mais saudável e escritor, Gates fundou, ao lado do amigo e parceiro empresarial Paul Allen, a Microsoft, uma das mais importantes e populares empresas produtoras de softwares do mundo. Desbravou o campo da criação ao desenvolver um produto que subverteu o modo de vida do mundo moderno: o computador. Magnata e filantropo é considerado um dos homens mais ricos do mundo. Em 2000 criou a Bill & Melinda Gates Foundation, uma das maiores fundações de caridade do mundo.

Walt Disney

Uma verdadeira lenda, que mudou a história da animação infantil. Nascido em Chicago, nos Estados Unidos, Walt Disney foi o empresário norte-americano que marcou gerações ao fundar junto com o irmão Roy Disney, a Walt Disney Company. Considerado o pai do "Mickey Mouse", o ratinho que se tornou um dos maiores sucessos da produtora, Walt Disney também ficou famoso pela criação dos personagens "Pato Donald", "Pateta" e "Pluto". Lançou os primeiros longa-metragens animados da história, como "Branca de Neve e os Sete Anões", que foi sucesso de bilheteria, além de "Pinóquio", "Fantasia" e "Bambi". Criou o maior estúdio de animação de Hollywood, e os parques temáticos da Disney, na Califórnia, Flórida, França, Japão e Hong Kong. Além disso, Walt Disney também fundou o Instituto de Artes da Califórnia, escola profissionalizante de nível universitário, localizada em Valência, a noroeste do centro de Los Angeles.

Nelson Mandela

Ele foi um símbolo de resistência na luta contra o movimento Apartheid, legislação que segregava os negros no país. Nelson Mandela se tornou referência mundial na busca por uma sociedade democrática e igualitária. Nascido em Mvezo, um pequeno vilarejo às margens do rio Mbashe, na África do Sul, Mandela passou 27 anos preso por participações em protestos e por viajar ilegalmente ao exterior. Após a queda do regime e quatro anos depois de deixar a prisão, foi eleito democraticamente e se tornou o primeiro presidente negro da África do Sul. E seu exemplo estará sempre presente, ecoando para o mundo todo.

Steve Jobs

Fundador da Apple Inc, e "pai" dos Macs, iPods, iPhones e iPads. Nascido em São Francisco, na Califórnia, Steve Paul Jobs foi um inventor, empresário e magnata americano no setor da informática. Notabilizou-se como cofundador, presidente e diretor executivo da Apple e por revolucionar seis indústrias: a de computadores pessoais, de filmes de animação, do mundo da música, de telefones celulares, tablets e publicações digitais. Empreendedor incomum, gênio da tecnologia e visionário, Jobs apostou na simplificação máxima da relação homem-máquina ou, na linguagem dos especialistas, na interface de usuário. Ele praticamente criou o conceito "user friendly" e impactou gerações de empresários, empreendedores e entusiastas da tecnologia.

Martin Luther King

A grande voz norte-americana em defesa das minorias. Martin Luther King foi um ativista norte-americano que lutou contra a discriminação racial e tornou-se um dos mais importantes líderes dos movimentos pelos direitos civis dos negros nos Estados Unidos. Nasceu em Atlanta, nos Estados Unidos. Filho e neto de pastores da Igreja Batista, resolveu seguir o mesmo caminho, assumindo a função de pastor em uma igreja na cidade de Montgomery, no Alabama. Nos Estados Unidos, em 1983 foi instaurado um feriado nacional chamado de Dia de Martin Luther King. Desde então, todos os dias 20 de janeiro são dedicados a celebrar a vida desse homem tão importante para a história do combate ao racismo.

Renê Terra Nova

Conhecer e conviver com o Ap. Renê Terra Nova foi uma das experiências mais transformadoras da minha vida. Ver sua trajetória e acompanhar muitas vezes de perto suas decisões me ajudaram significativamente em todas as minhas conquistas. Ele é um exemplo vivo de liderança servidora e um mentor incansável. Renê continua a construir um legado impressionante, influenciando milhares de líderes e impactando comunidades em diversos países. Sua dedicação à formação de líderes com valores cristãos é uma inspiração constante para mim e para muitos outros.

Jesus Cristo: O Maior Líder que a Humanidade Já Presenciou

Nenhum capítulo sobre liderança estaria completo sem mencionar nosso Senhor Jesus Cristo, o maior líder que a humanidade já presenciou. Seu exemplo de amor, compaixão e sacrifício é a base sobre a qual construí minha própria filosofia de liderança. Jesus nos ensinou que a verdadeira liderança é servir aos outros, colocando as necessidades deles acima das nossas. Ele transformou vidas e deixou um legado eterno que continua a guiar bilhões de pessoas ao redor do mundo.

Refletindo sobre sua Jornada de Liderança

"Onde estiver um homem de honra está um novo destino para a geografia onde vive, e uma esperança de mudança para os que foram defraudados." – Ap. Renê Terra Nova

Ao olhar para trás, vejo uma jornada rica em desafios, aprendizagens e realizações. Através do MIR e da minha empresa, tive a oportunidade de formar milhares de líderes e impactar positivamente suas vidas e comunidades. Agora, estou empolgado com a próxima fase desta jornada, que me levará aos Estados Unidos, onde pretendo continuar meu trabalho de formação de líderes e consultoria de negócios. Meu propósito é deixar um legado que inspire futuras gerações a liderar com integridade, compaixão e excelência, promovendo um impacto duradouro e positivo em todos os aspectos de suas vidas e organizações.

A liderança é uma jornada contínua de crescimento e aprendizado. Ao adotar princípios sólidos, valorizar a integridade e focar no impacto positivo, você também pode deixar um legado significativo. Seja firme em seus valores, resiliente diante dos desafios e sempre busque inspirar e capacitar os outros. Este é o verdadeiro propósito de um líder transformacional.

www.ingramcontent.com/pod-product-compliance
Lightning Source LLC
Chambersburg PA
CBHW031414210526
45464CB00005B/1881